55810714R00062

Made in the USA
San Bernardino,
CA